1

Marion Jana Goeritz

Blauer Diamant
auf Seelengrund

Bibliografische Information der Deutschen Nationalbibliothek:

Die Deutsche Nationalbibliothek verzeichnet diese Publikation in der Deutschen Nationalbibliografie; detaillierte bibliografische Daten sind im Internet über http://dnb.dnb.de abrufbar.

Herstellung und Verlag: BoD – Books on Demand, Norderstedt

ISBN: 978-3-7519-5608-6

Herzlich Willkommen

liebe Leser,

für mich sind die eigenen Gefühle die Boten des Lebens. So glaube ich fest, Mut kann Wege frei machen, gehen wir ehrlich durchs Leben. Selbst, wenn etwas einmal anders verläuft als angenommen, wir werden uns dennoch gut fühlen, denn wir hätten uns keinesfalls etwas vorzuwerfen. Das ist ein gutes Gefühl, glauben Sie mir. Die Seele ist ein Diamant, folgen wir ihr, wird dieser mehr und mehr geschliffen und kann so in seinem gänzlichen Spektrum erstrahlen.

Herzlichst

Marion Jana Goeritz

Ein sanfter Perlengesang
erklingt, lieblich reizend, schön.
Die Wellen der blauen Flut
bewegen ihn,
hinein in eine Welt,
die Liebe sehnt.
So Herzens nah der Augenblick,
sie sind eins mit dem Gesang.
Sanfte Farbe, weicher Glanz,
Hände berühren
im Sonnenschein.
Silbermond schaut ihnen zu,
tiefer Grund in Grün getaucht,
heiler Schein ob hier, ob da.
Keine Suche, kein Verstehen.
Freiheit

bleibt sie nun endlos klein?
Nur die Liebe flüstert leise,
nur die Liebe kann verstehen.

Manchmal
wogen Gedanken schwer,
Gefühle wogen ab.
Es schlug ein Herz Purzelbaum,
ein Wunder wohl geschah.
Manchmal
brauchte es viel Neues,
doch auch einen Hauch
Erinnerung.
Es erwachte schon
ein großer Traum,
der mutiger war, als der zuvor.
Manchmal
schenkte das Leben Wachstum,
mehr als man geglaubt.

Etwas sandte Zeichen
in der Zurückgezogenheit.
Manchmal
mochte keiner den anderen,
allein war das Gebot,
suchte im eigenen Gefühl Liebe,
das ist der Lohn.
Manchmal
fühlten sie den Magnet
der Liebe,
der sich hielt
durch Raum und Zeit.
Glaubten auch so fest daran,
doch wurden klüger
mit der Zeit.
Manchmal
war der Sonne Licht

ein warmes Bad
am Abend noch
und manchmal
war das Sternenlicht
ein Freund,
der vieles gleich so sah.

Der Träume bunte Farben
in den Seelenmeeren
schwimmen,
alle Tränen sind geweint,
höchste Freude, Jubelschrei.
Sieh
die Welt schaut anders aus,
Herzen flüstern Glück.
Und wo einst
die Felsen standen,
gedeihen Blüten
glitzernd schön.

Bunte Farben
im goldenen Schein
verziert die Welt im Kleinen.
Bunte Schwingen lassen zu,
das Gold zu vereinen.
Herzenswege fanden sich
in blauer Flut bei Nacht.
Schon mancher Traum
erzählte es,
nur ein Glaube lebte kaum.

Weites Meer mit alten Weisen,
und die Erde mittendrin.
Sie schaut nach oben,
sie blickt nach unten,
erblickt wundersame Straßen
und so vieles mehr.
Wunder, Wunder, jede Stunde,
allein schon,
weil die Sonne lacht.
Später am Abend
leuchten Sterne,
weil es die Sonne so vermag.
Und in sieben Ozeanen
schaukeln die Wellen
auch manchmal hoch,

doch ein Blick
zu den alten Weisen,
so hört das Tränen wieder auf.

Stille
durchbricht Gedankenreigen.
Gefühle mit Mut gesegnet.
Wahre Liebe ist ein Schatz,
der golden scheint,
auch bei Regen.
Das ist wahrer Reichtum
einer Welt.

Ein weißes Boot
auf blauer Welle,
es fährt zum Ufer
langsam hin.
Auf dem Grund
der Nebelbänke, ist nun Licht,
er weiß es schon.
Zaghaft, wartet es geduldig,
denn es spricht nie von Zeit.
Doch er spielte mit der Welle,
die am Fels
ihre ganze Kraft erreicht.
Seine Kraft viel zu wenig,
die helle Seite
hatte er nie erwählt.

Manch
glitzernde Seele,
gebrochenes Herz,
und ein sanfter Händedruck.
Aus Tausend hellen
Sternenkindern
erwächst einmal
eine Blütenpracht.
Und
vom Himmelszelt her schweben,
silberne Flügel übers Land,
manch tiefer See
fängt wieder ein,
das Licht der Liebe irgendwann.
Blütenblätter leicht und bunt
schweben auf die Erde.

Der ruhelose Wind,
sein Lied singt
von manch glitzernder Seele,
die Heilung schenkt,
seinem Herzenskind auf Erden.

Am grünen Gewässer
mit Blüten bunt,
es ist so rein und klar.
Da steht ein Mensch bewegend,
doch still, ergriffen ist er sogar.
Ein zarter Duft
streift seine Seele,
so angenehm, ein Tropfen fällt.
Er füllt den grünen See,
er fühlt Liebe,
auch,
wenn ein Regenschauer fällt.

Eine schöne Gedankenperle,

rollt des Weges,

entschlossen und gut.

Ob sich etwas Großes

entwickelt,

weiß nur die Seele,

haben wir Mut.

Verstecktes Silber in einer

Nacht dennoch schien sie hell.

Das Silberlicht

der Sterne bewacht,

sie wissen um vieles schon.

Er fordert nie ein,
bleibt gelassen.
Findet die richtigen Worte
im Hier und Jetzt.
Erstrebt nie mehr alles
auf einmal,
vertraut
auf sein gutes Seelenherz.

Aus hellem Licht
ein Flügelschlag,
geschwungen hoch in die Lüfte.
Augenblicklich, Nähe gelungen,
tief aus ihrem Herzen.
Blütenkranz
schmückt ihren Sitz,
das Licht umhüllt sie sanft.
Mit Mut, mit großem Herzen
ist sie eins mit ihrer Welt.

Himmelswesen, sanftes Licht,
schenkt dem Gefühl so viel.
Seelenkind ruhe aus, halte ein,
lebe Liebe.
Einmal, einen Weg erdacht,
fühlst du ihn womöglich.
Ruhe aus und atme ein,
doch glaube nie,
das Rad hält an,
auch in der Stille
wirst du weitergehen,
womöglich weiter,
als du gedacht.

Selbst wenn Träume
sich verfliegen,
verloren sind sie nie.
Es wird einen anderen geben,
der sich mit ihnen sieht.
Selbst, wenn eine Farbe einmal
etwas dunkler erscheint
an einem Tag.
Wer sagt,
dass die hellen Farben
nicht wieder malen?
Wer sagt, es wird kein Tag?

Blaue Wellen, Schiffsgesang.
Das Meer der Weite ruft.
Es birgt das Jetzt, das Gestern,
bis in alle Ewigkeit.
Ruhe sanft, Wellenberge,
bunte Steine, Wind,
auch Sturm.
Land in Sicht,
Moment im Leben,
Wasser wohl ihr Schicksal heißt.

Grünes Licht
schwebt in die Seele,
heilt das dunklere
in weißes Licht.
Und an einem Sommertag
erblüht der Traum von Liebe.

Ein goldener Rahmen
zierte ein Bild.
Ein kalter Schein
aus alten Tagen.
In der Seele tiefen Meer
ist die Sonne nun zu Haus.

Das Lied
des ruhelosen Windes sang,
Wellen tanzten an Land.
Die Tiefe des Meeres wühlte auf
und schenkte Freiheit.
Und im taufrischen Morgen
berührte das Sonnenlicht
ein Juwel der Ewigkeit.

Im Puls der Stadt,
ihrer bunten Träume,
erhellen die Lichter
manch Schatten sacht.
Alte Geschichten verglühen
im neonfarbenen Licht
der bunten Reklamelichter.
Bahnen laufen Schienen heiß,
darin geborgen
manch Kind dieser Stadt.
Manch Narbe verhüllt
im gestern noch
und würde jemand mit Mut
sie fragen,
"Was darf anders werden
noch heute Nacht?"

Würde eine Antwort
womöglich heißen "Nichts."
und eine andere
"Da gäbe schon etwas."
Doch wer fühlt, weiß darum,
spricht aus, was es da gäbe.

Lila Blume
spricht durch Wasser,
was ein Mund verschlossen hält.
Und im Angesicht der Sonne,
will sie zu viel
von ihrem Traum?

Vom Himmel
schweben Rosenblüten,
rosa, rosa, rosa weiß.
Die Dornen sich zurückbegeben,
bleiben in der Einsamkeit.
Glück, so glücklich,
Zweisamkeit.
Sanfte Wellen, Seelenmeere
tanzen hin zum hellen Strand.

Und in den Tiefen
des gelben Meeres
wohnte lang ein alter Grund.
Der Sonnenstrahlen helle Farbe
spielte unterm Wellentanz.
Das Kind vom Sturm
in mancher Stunde
sich darüber ausgetobt.
In einer schon
vergessenen Runde, saßen sie,
erzählten davon,
vom Labyrinth aus Fels,
aus Stein,
keine Blumen wuchsen dort ,
Zurückgezogenheit, heilte diesen
Schmerzensort.

Sternensilber in manch Stunde,
schwebt dahin zum Morgenrot.
Frieden nur,
spricht die Worte in Liebe aus.

Befangen und still
steht sie an einem Ort.
Ihre Augen offen,
blaues Wasser
wohnt schon dort.
Grüner Gedanke,
Gefühle aus Licht.
Strahlende Sonne
sprengt Wolkenschicht auf.

Sonnenblume, brüllende Löwin,
gezähmt, doch wild zugleich.
In ihrer Hand,
ein Zepter aus purem Edelstein.
Seelenfreund
weilt an ihrer Seite
und aus blauen Himmelswelten
erzählt ein Silberflügel ihr.
Gestohlene Zeit kennt sie nie,
sie sucht das Wahre im Gefühl,
und das heißt Mut
und Liebe auch.

In einer Hand, das große Korn,
in Blau und vielen Farben.
Ein lila Schleier ist davor,
bedeckt es vor Gefahren.
Grünes Licht fängt Freude ein,
erstrahlt in Tausend Augen.
Manche Seele findet sich
im Klang der Lieblingsfarben.

Weit ab, und doch im heute
wohnt ein Mann
und erzählt der Welt,
einfach nur Geschichten.
Es ist sein Traum,
aus grünem Licht
und Tausend Sonnenlichtern.
Bunte Farben, Vertrauen tief,
er schmückt die Welt mit Liebe.
Und eine Hand
hält auch sein Licht,
er fühlt die Silberfarben.

Die Nacht erzählt
in Silberfarben,
in hellem Licht
manch liebes Wort.
Der Mann im Mond
hoffnungsvoll, das sich dies
Wort auch wirklich lohnt.
Der Nacht ist es gleich,
der Morgen naht
und schenkt
dem Feuer Freiheit.
Der Mann im Mond
nicht zögerlich
zieht weiter auf seiner Reise.

Stille.

Schweigende Blicke
durch Fensterglas.
Kleine Nebelschleier
verbargen das Gesicht
des Morgens.
Doch ein weißer Vogel flog
über das Land
mit gleitenden Flügeln.
Über Wasser
führte ihn sein Flug,
zwei Augen
erzählten vom Ertrinken,
am Fenster schweigend.
Der Morgen bringt Glück.

Das Fensterglas jedoch
war bunt
von Anbeginn der Zeit.

Die Gemächer der Königin,
großherzig, strahlend.
Nur das Wahre darf gewähren.
Es darf verweilen, erzählen,
doch keinesfalls
alle Gemächer sehen.
Welche Tür aufgemacht,
entscheidet selbst
die Königin mit Bedacht.
Mutig, der Wahrheit zugetan.
Noch ist verschlossen,
dass sie selbst noch nie sah.
Und im grünen Wald liegt ein
Schloss Jahrhundert alt.
Heilung darf dort geschehen.

Doch die Königin erblickt nur,
dessen blauer Diamant
nach dem Silberflügel ruft.

Auf weichem bunten Kissen
träumte sie von Blütenblättern.
Rosa, lila, weiß und blau,
viele Farben, nur kein Grau.
Ein goldenes Herz
und Silberfreude, Seelenfarben,
ein Gedicht.
Und ihre Seele liebevoll,
"Trau dich doch,
sie leben weiter",
das ist es doch,
was du gern möchtest.

Mancher Weg
führt zum silbernen Flügel.
Bunte Farben
statt kalter Asphalt.
Ein Herz, ein Wort, ein Gefühl
der Liebe,
aufgemalt an manchem Ort.

Wenn die bunten Farben
trauern, braucht es mehr
als Sonne satt.
Es braucht Liebe
und umarmen, Lachen,
auch ein ernstes Wort.
Stille braucht es, innehalten,
Fehler auch erkennen.
Es braucht Mut
und frische Luft.
Manchmal
braucht es von allem,
doch am meistens
braucht es sich selbst,
um wieder bunt zu malen.

Fehllos
aus altem Papier zerknüllt.
Im Korb
der vielen Bälle verhüllt,
die Anzahl derer.
Manche Krone selbst erwählt,
mancher Stein zu sacht.
Ein Seerosenblatt
ist nicht bunt, es ist eine Blüte,
die bunt sich zeigt,
doch auch nicht immer ist sie
dazu geneigt,
wie schade eigentlich.
Wer weiß schon, ob er König ist,
ob er es auch bleibt?

Die Königin entscheidet selbst,
in allem was sie tut.

In weiter Ferne alte Steine.
Erinnerung aus alter Zeit.
Blaues Wasser birgt Gezeiten,
schenkt wohl keine lange Ruhe?
Lernen wir Gelassenheit.

"Weißer Schwan
auf klarer Welle", erzählt die
Sonne einem kalten Stern.
Klappt die Tür nur auf, nie zu,
auch da begleitet
Silberlicht den Weg.

Die eigene Welt
mit wachem Auge sehen.
Wird eine Frage auch gestellt,
darf die Antwort nie fehlen.
Ob verstanden wird im Großen,
ist nicht die Frage.
Selbst verstehen ist ein Garant
für wahre Farben,
die in Liebe malen.

Vorm Himmelszelt
ein weißes Band.
Ein Schiff auf großer Fahrt.
Von keinem Auge je erblickt,
erzählt jedoch mit Mut.
Und in den kühlen
Wellenbergen des blauen Ozeans
heilt die Sonne ihre Haut,
bis der Morgen neu erwacht.

Silberflügel Träumerei,
Wunderland lebt doch.
Herzen singen golden Licht,
verzaubertes Gesicht.

Er sehnt sich hin zu einer Seele,
doch liegt bei ihr
in seinem Bett.
Ihre Worte sind nicht
die seinen, die Nacht erzählt
kein goldenes Licht.
Gewohnheit, eine alte Schiene,
zu neuem einfach nicht bereit.
Sein Schmerz
in seiner alten Seele,
erdrückt sein Herz noch
im Lügenbeet.

Stille Zeit, auch Seelenruhe.

Heilen einen langen Schlaf.

Tanzend klare Wellenberge,

die den Fels

seit Jahren schliffen,

tauchen ab in eine Zeit,

die im grünen Licht erstrahlt.

Was blieb von seinen
gut gesagten Worten,
die an der Wahrheit oft vorbei?
Einsamkeit in jeder Stunde,
keinen Augenblick mehr frei.
Was blieb
von seinen Träumen einst,
die noch wohnen
auf dem Grund?
Heilung
kann nur dann geschehen,
wenn der Mensch
sich selber liebt.

Und ein Kuss mit zarter Welle
ergießt sich in die Seelenmeere.
Grüne Pforte, schönes Idyll,
Gefühle erfüllen so viel mehr.
Augenblick aus buntem Reigen,
Liebe in den Seelen wohnt.
Und sie werden
ihr Lied noch singen,
selbst wenn beide
einmal schon fahren im Boot.

Und
zwischen Himmel und Erde,
Herzmagneten schweben.
Ihr warmes Licht entzündet
das Licht der Sterne am Abend.
Lebensträume bunt und schön,
erstrahlen in den Morgen.
Und wenn die Sonne
ihre Strahlen schenkt
der kühlen Welle,
bricht ihre Kraft
am Fels sich schnell,
und doch ist sie
im Fluss des Lebens.

Auch am stillsten Meer
tanzen einmal Wellen an Land.
Nehmen mit was Lose ist.
Wird es eine Reise
ohne Wiederkehr
oder schenkt die Welle
ein Wiedersehen?

Zwischen
hoch gebauten Wänden,
begegnen sie sich immer wieder.
Augenlichter grün, blau, braun,
bunte Seelengesichter.
Manches
erzählt auch im Gemenge,
hat sich entschieden
für das Grün.
Und so manche hohe Wand
fällt für immer ungesehen.

Leuchtendes Sternmeer
der Nacht,
dein glänzendes Dach spiegelt
sich in jeder Pfütze.
Mitten im hellen Sternenwald
führen neue Wege
in die Zukunft
und bei Sonnenaufgang schon,
senden erste gelbe Strahlen
einen Hauch von Glückseligkeit.

Mit einem Herz in seiner Hand
stand er
am Rand seines Lebens.
Es begann im Augenblick,
als sein Wimpernschlag
auf und ab.
Die Träume der Erinnerung
trugen keine Farben mehr.
Das Herz in seiner Hand
es schlägt auch für ihn.
Sein Schritt zurück
vom Lebensrand,
rettete sein Leben.

Von Marion Jana Goeritz ebenfalls beim Verlag
BoD erschienen (BoD Books on Demand, Nor-
derstedt, nähere Informationen finden Sie un-
ter www.BoD.de)

„Liebe für die Seele Band 1"
ISBN 978-3-7357-4045-8

„Liebe für die Seele Band 2"
ISBN 978-3-7357-7734-8

„Seelenweiß"
ISBN 978-3-7347-5769-3

„Seelen essen Liebe gern"
ISBN 978-3-7347-8706-5

„SeelenEngel"
ein spiritueller Erfahrungsbericht
ISBN 978-3-7386-2588-2

„SeelenSchlüssel"
ISBH 978-3-7386-3844-8

„Seelenfarben"
ISBN 978-3-7386-3947-6

„Seelenschimmer"
ISBN 978-3-7386-4014-4

„Seelenfinden"
ISBN 978-3-7386-4037-3

„Ein Gefühl meiner Seele"
ISBN 978-3-7386-1506-7

„Seelenfrieden" Danken, Bitten, Entspannung ein persönlicher Erfahrungsbericht
ISBN: 978-3-7386-4884-3

„Seelenweihnacht"
ISBN: 978-3-7386-5616-9

„Im Land unter dem Regenbogen" Wunderbare Märchen und unglaubliche Geschichten
ISBN: 978-3-7392-0115-3

„Freddy und seine Geschichten"
ISBN: 978-3-7386-3321-4

„SeelenWorte"
ISBN: 978-3-7392-0455-0

„Herzanker"
ISBN: 978-3-7392-3482-3

„Im Fluss der Liebe"
ISBN: 978-3-7392-3489-2

„Seelenklänge"
ISBN: 978-3-7392-3532-5

„Liebeslied"
ISBN: 978-3-7392-3548-6

„Wahre Traumtänzerin"
ISBN: 978-3-7392-3556-1

„Emilia Sommerfeld"
ISBN: 978-3-7392-3787-9

„Für mich war es Liebe"
ISBN: 978-3-8423-5362-6

„Kaleidoskop"
ISBN: 978-3-8423-5738-9

„Die verzauberte Wiese"
ISBN: 978-3-7412-0772-3

„Seelenbrücke"
ISBN: 978-3-7412-0890-4

„Wetterleuchten"
ISBN: 978-3-7412-2740-0

„Zentrifuge"
ISBN: 978-3-7412-4011-9

„Für Dich"
ISBN: 978-3-7412-4018-8

„Hannos Geschichten"
ISBN: 978-3-7412-9373-3

„Das Eulenherz"
ISBN: 978-3-7431-0009-1

„Eine Reise irgendwo hin"
ISBN: 978-3-7421-0042-8

„Ist das wirklich wahr?"
ISBN: 978-3-7431-1549-1

„Stille Momente"
ISBN: 978-3-7431-1586-6

„Engelszwirn"
ISBN: 978-3-7431-1594-1

„Anders"
ISBN: 978-3-7448-3582-4

„Wenn es spricht"
ISBN: 978-3-7448-3583-1

„Jonas und die Himmelsleiter"
ISBN: 978-3-7448-5452-8

„Farbenregen"
ISBN: 978-3-7448-5453-5

„Wellenfarbe"
ISBN: 978-3-7448-7311-6

Blanchefleur
ISBN: 978-3-7448-7415-1

„Winterzauber"
ISBN: 978-3-7448-9885-0

„Seele was denkst du dir?"
ISBN: 978-3-7448-9937-6

"Der Südwind
 der aus dem Norden kam"
ISBN: 978-3-7448-8206-4

"Erinnerungsblick"
ISBN: 978-3-7460-1281-0

„Mosaik" Gefühle und Gedanken
Gedichte
ISBN:978-3-7460-1320-6

„Begegnung"
ISBN: 978-3-7460-9595-0

„Sternenozean"
ISBN:978-3-7460-9685-8

„Himmelsstern"
ISBN: 978-3-7528-5012-3

„Mut verspricht Lebendigkeit"
ISBN: 978-3-7528-5071-0

„Liebeswort-Gedichte"
ISBN: 978-3-7528-6639-1

„Wenn Schiffe wandern"
ISBN: 978-3-7528-6655-1

„Bunte Federstriche" Gedichte
ISBN: 978-3-7481-0960-0

„Himmelblau und Sonnenreich"
Tierseelengeschichten
ISBN: 978-3-7481-3289-9

„Durchreisen"
ISBN: 978-3-7386-5903-0

„Grüne Traummusik"
ISBN: 978-3-7392-4925-4

„Bewegung"
ISBN: 978-3-7481-4013-9

„Wolken am Himmelsrand"
ISBN: 978-3-7494-8219-1

„Schrittweise"
ISBN 978-3-7448-0116-4

„Das grüne Kleid im Labyrinth"
ISBN: 978-3-7504-0490-8

„Zweiundzwanzig Wegboten"
ISBN: 978-3-7504-0676-6

„Lamberts schönster Wunsch"
ISBN: *978-3-7504-5232-9*

„Die wunderbare Josepha"
ISBN: 978-3-7504-5232-9

„Schmetterlingszeit: ein Geschenk ist erkannt"
ISBN: 978-3-7519-3282-0

„Willkommen im Leben" Gedichte
ISBN: 978-3-7519-3394-0

Weitere Informationen zu allen meinen Büchern oder zu Neuerscheinungen finden Sie immer auf meiner Seite

www.buchkaleidoskop.Reikipraxis-Goeritz.de